FICHE DE LECTURE

DOCUMENT RÉDIGÉ PAR HADRIEN SERET
MAITRE EN LANGUES ET LITTÉRATURES FRANÇAISES ET ROMANES
(UNIVERSITÉ LIBRE DE BRUXELLES)

Le Roman de Renart

lePetitLittéraire.fr

RÉSUMÉ 6

ÉTUDE DES PERSONNAGES 14

Le camp de Renart

Le camp d'Ysengrin

Le camp « neutre » : le roi Noble (et ses conseillers)

CLÉS DE LECTURE 18

Un « roman »

« En langue romane »

Une satire de la société médiévale

Le comique

PISTES DE RÉFLEXION 23

POUR ALLER PLUS LOIN 24

Un récit anonyme
Le fruit d'un travail à plusieurs mains

Le *Roman de Renart* n'est pas le fruit d'un seul auteur. En effet, l'ensemble de son contenu a été rédigé par plusieurs individus, la plupart étant des clercs, pratiquement les seules personnes capables de lire et d'écrire au Moyen Âge.

Entre 1170 et le milieu du XIIIe siècle, ces derniers ont ajouté vingt-six histoires au récit originel de Renart. On considère ce dernier comme un « tronc » auquel les différents rédacteurs ont ajouté des « branches », appellation devenue courante pour désigner leurs continuations.

Le Roman de Renart
Un roman satirique au comique bien particulier

- **Genre :** poésie
- **Édition de référence :** *Le Roman de Renart*, traduit de l'ancien français par Gabriel Bianciotto, édition de Naoyuki Fukumoto, Noboru Harano et Satoru Suzuki, Paris, Le Livre de Poche, coll. « Lettres gothiques », 2005, 990 p.
- **1re édition :** entre 1170 et 1250
- **Thématiques :** fable, satire, morale, humour, ruse

Les différentes branches qui composent le *Roman de Renart* se présentent comme autant de variations du combat que se livrent Renart le goupil (« renard » en ancien français) et Ysengrin le loup.

S'inspirant de l'*Ysengrimus* (1148) de Nivard (poète flamand de langue latine, milieu du XIIe siècle), les auteurs caricaturent une société médiévale peinte sous les traits d'animaux. Les textes qui en découlent se présentent sous la forme de brefs récits en vers octosyllabiques, marqués par l'utilisation de la ruse comme moteur du récit et par la distillation d'un comique vulgaire (souvent basé sur le sexe ou la scatologie).

Véritable ode à l'ingéniosité, le *Roman de Renart* consacre le triomphe de son protagoniste, dont la roublardise et les bons tours fascinent encore aujourd'hui.

RÉSUMÉ

Parce que les récits qui composent le *Roman de Renart* sont très nombreux, la plupart des éditeurs modernes sélectionnent les branches à publier pour obtenir le résultat le plus cohérent possible. Ainsi, le contenu peut varier de manière plus ou moins importante en fonction de l'édition choisie.

L'ORIGINE DE RENART

Après avoir chassé Adam et Ève du Paradis, Dieu offre au couple une verge. Adam, avec cet objet, fait naitre les animaux domestiques et Ève, les sauvages comme Renart le goupil et son oncle, Ysengrin le loup.

Un jour, en visite chez ce dernier, Renart aperçoit trois jambons qui lui font envie : il les dérobe discrètement à la nuit tombée. Ce vol met en rage Ysengrin et sa femme Hersent, qui ne peuvent trouver le coupable, ayant eux-mêmes lavé Renart de tout soupçon. Ce dernier s'en retourne et tombe sur une des salles de la demeure de son oncle où Hersent allaite sa portée. Il séduit la louve, urine sur ses petits et vide le garde-manger avant de s'enfuir. Apprenant ces évènements, Ysengrin entre dans une colère noire et déclare la guerre à Renart.

Le couple de loups part à la recherche du goupil pour se venger. L'ayant déniché, une poursuite s'engage. Hersent tente d'attraper Renart dans sa tanière, mais sa corpulence la coince dans l'entrée. Renart en profite pour prendre son plaisir sous les yeux d'Ysengrin qui doit déployer de gros efforts pour sortir son épouse de ce mauvais pas.

RENART VOLE LE POISSON DES CHARRETIERS, FAIT MOINE YSENGRIN ET LUI FAIT PÊCHER DES ANGUILLES

Renart, à la recherche de nourriture et avisant deux commerçants avec une charrette de poissons, joue le mort afin de se nourrir de la cargaison. Une fois rassasié, il s'enfuit avec un collier d'anguilles qu'il prépare pour sa progéniture.

Ysengrin, passant à proximité de la tanière de Renart, sent la bonne odeur de poisson et en demande à son neveu. Voyant là une bonne occasion de se venger de son oncle, Renart accepte de lui en offrir pour peu qu'il devienne moine d'un ordre qu'il vient de créer. Affamé, Ysengrin se fait alors tonsurer de fond en comble par Renart qui en profite pour le faire tourner en bourrique : il fait croire à Ysengrin qu'il peut pêcher des anguilles dans le lac avec sa queue. Ce dernier s'exécute, mais se retrouve coincé, le lac ayant gelé. Repéré par des chiens, Ysengrin doit son salut au sacrifice de sa queue.

LE SONGE DE CHANTECLAIR. ALLÉGEANCE DE TIBERT LE CHAT, LA DISPUTE DE L'ANDOUILLE

Renart veut se nourrir dans la basse-cour du coq Chanteclair. Les poules, ayant repéré le goupil, confient leur peur au coq qui ne veut pas les croire. Ce dernier fait alors un rêve où il voit le Renart l'attaquer. Il a à peine le temps de comprendre son songe qu'il est happé par le renard qui détale. Il se libère cependant de sa gueule en le faisant parler.

Furieux, Renart rencontre Tibert le chat qui lui jure allégeance. Peu après, ils se disputent une andouille (pièce de charcuterie), mais le chat, par un subterfuge, parvient à duper Renart.

LES PLAINTES D'YSENGRIN ET MISE EN PLACE D'UNE CONCILIATION

Ysengrin se plaint au roi Noble des outrages que lui a faits Renart. Le souverain demande l'avis de sa cour qui préconise une conciliation avec le goupil. Elle se tiendra le lendemain sous l'égide de Roonel le mâtin (gros chien de garde). Ysengrin prépare avec ce dernier une conjuration pour capturer Renart.

L'assemblée se met en place, mais le goupil refuse de prêter serment s'il n'a pas mangé. Flanqué de Tibert le chat et de Brun l'ours, il se rend dans un garde-manger où il piège ses deux compagnons. Ensuite, rassasié, il évite le traquenard tendu par Ysengrin. Entretemps,

Brun et Tibert se sont libérés, mais sont poursuivis par des villageois. Leur arrivée oblige l'assemblée à se dissoudre. Renart s'enfuit et se réfugie dans sa forteresse de Maupertuis.

LE NOUVEAU PROCÈS DE RENART ET LA BATAILLE

Ysengrin se plaint à nouveau des outrages non condamnés de Renart. Le roi refuse de tenir un procès sur cette affaire, malgré les pressions de son entourage. Il cède cependant lorsque le coq Chanteclair lui apporte la dépouille de Dame Coppée, une poule sauvagement assassinée par le renard.

Le souverain envoie alors tour à tour l'ours Brun et Tibert le chat chercher Renart pour le juger. Ce dernier les dupe cruellement. Seul Grimbert le blaireau, cousin du renard, parvient à l'amener à la cour. Condamné à la potence, Renart est néanmoins sauvé en jurant de partir en pèlerinage. Mais sa résolution est de courte durée et sa violente duperie sur Couart le lièvre oblige le roi Noble à prendre les armes contre lui : le monarque assiège Maupertuis, en vain. Il arrive néanmoins à capturer le goupil en profitant d'une de ses sorties. Renart est à nouveau condamné à la pendaison, puis bastonné. Alors qu'il est sur le point de mourir, sa famille arrive à temps pour demander la clémence du roi. Elle l'obtient. Renart, sauvé, rejoint alors sa demeure.

RENART ET LIÉTARD

Le paysan Liétard, excédé par la lenteur de son bœuf, promet de l'abandonner pour qu'il soit dévoré par les bêtes sauvages. L'ours Brun l'a entendu et ordonne qu'il lui remette l'animal sur-le-champ pour qu'il puisse le manger. Liétard, embêté par sa promesse, obtient un délai d'un jour pour le livrer.

Renart, passant par là, a vent de la mésaventure du paysan et propose de l'aider en échange de quelques menues volailles. Le renard met en place un stratagème qui permet au vilain de récupérer le bœuf ainsi que l'ours mort. Mais le paysan refuse de donner ce qu'il doit au goupil. Ce dernier se venge en lui subtilisant les courroies de sa charrette, l'empêchant ainsi de travailler.

Timer, l'âne de Liétard, promet à son maitre de ramener Renart, sa femme et les courroies en échange d'orge. Le paysan accepte et Timer met en place une ruse qui lui permet de rapporter les courroies et l'épouse du goupil, mais pas le renard, car ce dernier avait anticipé le piège.

Alors que Liétard veut tuer la femme de Renart pour la vendre, il rate son coup et tranche la cuisse de l'âne : elle parvient ainsi à s'enfuir. Renart, pour se venger, menace de dénoncer le paysan au comte pour avoir tué l'ours sans permission. Acculé, il doit se soumettre à la volonté du goupil qui a tôt fait de le ruiner.

LE MARIAGE DE NOBLE

Renart est une nouvelle fois convoqué à la cour pour son jugement. Lorsque tous les animaux ont déclaré leurs griefs, le roi constitue un conseil qui décide la paix pour Renart en échange d'un serment. Mais Chanteclair, qui a droit au dernier mot dans le litige qui l'oppose à Renart, ordonne sa mort.

Pour se sauver, Renart prétend qu'il doit accomplir un ultime dessein : marier Noble avec sa prétendue promise, Yvoiris. Le roi rentre dans son jeu et lui donne un an pour ramener sa fiancée fictive à la Cour. Le goupil part alors pour Tolède où il apprend la magie et le pouvoir des démons.

À son retour, il sollicite Yvoiris et sa suite qui participent au banquet et aux jeux. Durant ceux-ci, Renart joue des tours à ses adversaires grâce à la magie.

Constatant que son épouse ne possède pas de sexe, le souverain demande à Renart d'y remédier. Ce dernier le lui promet, mais il ne le fera jamais.

RENART EMPEREUR

Accablé par la faim, Renart part en quête de nourriture. En chemin, il rencontre Ysengrin. Il doit sauver ce dernier des griffes d'un paysan après qu'une de ses ruses a mal tourné. Ysengrin, reconnaissant, lui donne alors à manger.

Renart repart et tombe sur Roonel le mâtin, agonisant après une bastonnade avec des vilains. Renart en profite pour le pendre et s'enfuir.

Après avoir échoué à capturer des milans (grands rapaces), Renart se fait nourrir par Drouin le moineau en échange de la guérison de ses enfants. Mais le goupil le trahit et mange sa progéniture. Le moineau engage alors un chien pour le venger et Renart doit faire le mort pour pouvoir s'en débarrasser.

Il se rend ensuite à la cour où le roi Noble a convoqué ses vassaux pour partir en guerre contre des païens : il laisse la régence à Renart. Alors que ses compagnons accomplissent de grands exploits sur le champ de bataille, le goupil fait croire à la cour que le roi a été tué et devient ainsi monarque. Mais Noble revient et une bataille s'engage entre les deux camps. Après de nombreuses prouesses, Renart est obligé de battre en retraite après l'emprisonnement d'un de ses fils et la mort d'un autre. Il est ensuite capturé à la faveur d'une sortie nocturne.

Le roi Noble lui pardonne ses méfaits et ils concluent une paix durable entre eux.

LA MORT DE RENART

Renart est à la cour pour assister au jugement d'un vilain qui a offensé Couart le lièvre. Le jugement rendu et le coupable libéré, le roi lance une célébration durant laquelle un festin et des jeux sont donnés : Renart joue aux échecs contre Ysengrin et, ayant perdu, il voit ses testicules cloués sur l'échiquier.

Mal en point, il se confesse avant de tomber dans un évanouissement si profond qu'on le croit mort. On prépare alors en son honneur des chants, une veillée, ainsi qu'un office funèbre. Mais lorsqu'on s'apprête à l'enterrer, Renart reprend ses esprits et s'enfuit, non sans happer Chanteclair au passage.

Le coq parvient à se libérer et Renart est capturé par le roi. Il tente de se justifier en accusant Chanteclair. Ce dernier demande alors un duel pour réparer cet outrage : le goupil est obligé de faire le mort pour s'en sortir. Se réfugiant à Maupertuis, il demande à Grimbert de dire au roi qu'il a succombé à ses blessures. Toute la cour le croit désormais décédé.

ÉTUDE DES PERSONNAGES

À travers les différents récits qui composent le *Roman de Renart*, on peut répartir les personnages principaux de l'œuvre en trois camps ayant chacun sa figure de proue :

LE CAMP DE RENART

Renart

Héros principal des différentes branches du roman, Renart se présente sous les traits d'un goupil sournois dont le caractère vindicatif l'amène à jouer constamment des tours à ses adversaires, surtout à son ennemi Ysengrin. Baron et vassal du roi Noble, Renart est le propriétaire de la forteresse de Maupertuis où réside sa femme Hermeline qui l'assiste quelquefois dans ses projets. Il est également le cousin de Grimbert le blaireau, la seule personne qu'il respecte et dont il suit les conseils, ainsi que le suzerain de Tibert le chat, qu'il maltraite sans vergogne.

Ses principales caractéristiques sont la vivacité de son corps et son sens inné de la ruse. Sa rapidité lui permet souvent d'échapper à des situations qui tournent mal, que ce soit pour éviter des pièges ou fuir les chiens qu'on a lâchés contre lui.

La ruse reste cependant sa meilleure arme pour échapper à tous les châtiments qu'on veut lui faire subir. Il l'utilise à la fois :

- de manière offensive : pour se débarrasser d'ennemis qui le gênent (cf. Ysengrin et le lac gelé), pour se nourrir (souvent au détriment d'autres personnes, notamment les marchands de poisson) ou pour se jouer des faiblesses de ses adversaires (ainsi, il dupe l'ours Brun venu le chercher pour le procès en profitant de sa gourmandise) ;
- de manière défensive : souvent pour éviter une mort certaine (on peut citer l'invention d'Yvoiris pour échapper à la mise à mort).

Lorsque ces deux traits principaux lui font défaut, Renart profite de la clémence ou de la maladresse de ses ennemis, ainsi que d'un brin de chance pour s'échapper.

Détesté de tous, sans foi ni loi (il viole, tue et se moque des institutions sans regret), Renart représente l'archétype du triomphe du mal au sein d'une société médiévale sclérosée et corrompue.

Bon à savoir

Le mot « renard » tire son origine de l'énorme succès du *Roman de Renart* durant le Moyen Âge. Sa popularité était telle qu'il a fini par supplanter celui de « goupil », utilisé auparavant pour désigner le mammifère au pelage roux.

LE CAMP D'YSENGRIN

Ennemi juré de Renart, le loup Ysengrin n'a qu'une seule idée en tête : se venger des affronts que le goupil a commis envers lui. Également baron du roi Noble, il est l'époux d'Hersent.

Si Renart possède souplesse et ruse, Ysengrin, quant à lui, se distingue par sa grande force physique, le côté impétueux et irréfléchi de son caractère qui le rend particulièrement vulnérable face aux ruses de son adversaire.

Contrairement à Renart, Ysengrin trouve rarement une échappatoire aux soucis qui lui tombent dessus : il est souvent obligé de combattre les paysans qui le poursuivent sans arrêt, non sans subir de graves blessures. Mais ce sont les stratagèmes que le goupil met en place à son égard qui lui causent les plus graves dommages (il perd sa queue dans le lac gelé et se fait écorcher vif au banquet donné en l'honneur d'Yvoiris).

Sa principale préoccupation est de persuader le roi Noble de condamner Renart pour ses méfaits, le plus souvent sans résultat probant. Dans cette optique, Ysengrin possède certains alliés dont le nombre et l'identité varient selon les branches. On peut néanmoins repérer quelques personnages récurrents comme l'ours Brun, Roonel le mâtin ou Chanteclair le coq.

De par sa stature et la peur qu'il inspire, Ysengrin jouit d'un certain prestige à la cour du roi Noble. Cependant, les tours et les mutilations qu'il subit de la part de Renart, combinés à ses demandes incessantes de procès (qui n'aboutissent jamais) le font passer pour un personnage ridicule qui consacre le triomphe de la ruse du renard face à la bêtise de la force pure.

LE CAMP « NEUTRE » : LE ROI NOBLE (ET SES CONSEILLERS)

Souverain à l'apparence d'un lion, le roi Noble fait figure de monarque avisé et généreux. Ses principales actions dans le *Roman de Renart* consistent en la tenue de banquets et de procès. En exerçant cette dernière attribution, le roi, aidé de ses conseillers personnels, cherche constamment la paix entre ses vassaux, allant même jusqu'à faire preuve de laxisme.

Ainsi, il ne prend jamais la peine de trancher personnellement la querelle qui oppose Ysengrin à Renart et s'il le fait, c'est après délibération de son conseil. En outre, il n'est pas rare de constater une certaine forme de sympathie de la part du souverain à l'égard du goupil (notamment quand il fait mine de croire à l'existence d'Yvoiris) alors qu'il n'exprime que de la lassitude devant le loup. Néanmoins, malgré ses préférences, il fait preuve d'un relatif sens de l'équité qui le pousse à châtier Renart quand il n'y a plus d'autre solution.

CLÉS DE LECTURE

UN « ROMAN »

Bien que son titre en porte la mention explicite, il ne faut absolument pas considérer le *Roman de Renart* comme un roman dans le sens où nous l'entendons aujourd'hui. En effet, les différentes versions modernes existantes de cette œuvre médiévale ne sont en réalité que des adaptations réalisées afin de la rendre accessible.

Textuellement parlant, le *Roman de Renart* se présente sous forme de petites fables en vers octosyllabiques. Ce type de rédaction s'explique par le caractère oral de la lecture au Moyen Âge : on ne lit pas pour soi, mais à haute voix pour un public plus au moins élargi.

« EN LANGUE ROMANE »

C'est en tenant compte de cette oralité que l'on peut comprendre la signification particulière du mot « roman » à l'époque médiévale : « histoire en langue romane ». Par « langue romane », il faut entendre une langue descendue en droite ligne du latin parlé entre le ve et le xe siècle.

Ce titre est révélateur de l'évolution du parler populaire vers le statut de langue littéraire. Celle-ci s'amorce à cause de la difficulté croissante des masses populaires à comprendre les textes rédigés et lus en latin classique, langue figée et uniquement écrite dans laquelle sont produits la plupart des textes de l'époque médiévale.

UNE SATIRE DE LA SOCIÉTÉ MÉDIÉVALE

Les trois ordres

Au Moyen Âge, toute la société est divisée en trois sections :

- les nobles : ils représentent la plus haute couche sociale. Ils fondent leur richesse sur leurs possessions terriennes et le butin ramené des combats. Leur mode de vie est basé sur le concept de la féodalité : il s'agit d'un processus durant lequel un noble devient vassal d'un autre noble qui devient son suzerain. Par le serment qui les lie, le vassal a un certain nombre de tâches à accomplir vis-à-vis du seigneur auquel il doit obéir. Ce dernier, en échange, lui octroie une terre et une promesse d'assistance en cas de besoin ;
- les gens d'Église : ils occupent une place primordiale au sein de la société médiévale en tant que gardiens de la foi et du savoir. Leur importance se marque aussi par la puissance de leurs abbayes en tant que centres littéraires et économiques ;
- les serfs : leur absence d'instruction et de droits dans la société médiévale les assimile à des esclaves. Leur rôle est de faire fructifier la terre qui leur est prêtée par leur seigneur. Ce dernier les accable de nombreux impôts, ce qui rend leurs conditions d'existence précaires.

Une tripartite tournée au ridicule

Au travers des différentes branches qui le composent, le *Roman de Renart* s'emploie à stigmatiser cette triple division :

- les nobles, symbolisés par le roi Noble et ses innombrables barons, sont ridiculisés par Renart. Malgré toute leur bravoure et l'importance qu'ils se donnent, ils sont mis à mal par les ruses du goupil et leur honneur constamment bafoué n'est jamais lavé (cf. Ysengrin). De plus, le concept de féodalité, censé aider le roi Noble à punir Renart pour irrespect, s'avère totalement impuissant ;
- le *Roman de Renart* stigmatise l'institution ecclésiastique sur deux points :
    - l'inefficacité de la religion : cette dernière perd totalement son côté dogmatique et sacré. En effet, Renart ne considère la religion que comme un instrument susceptible de le servir : il y recourt pour amadouer ses proies ou pour prouver sa (fausse) bonne foi au travers de confessions dont il n'a cure.
    - l'anticléricalisme : les moines sont souvent présentés sous les traits défavorables de l'obésité et de la lubricité. En outre, les nombreux vols commis par Renart dans les abbayes mettent en évidence un mode de vie en contradiction avec le vœu de pauvreté qu'ils sont tenus de respecter ;
- les paysans : au travers de personnages comme Liétard ou les marchands de poisson, l'œuvre attire l'attention sur la naïveté inhérente à cette classe et la facilité qu'il y a à les berner par la ruse ou la rapine.

LE COMIQUE

Principal biais de la satire et de l'intérêt de l'œuvre, le comique repose sur quatre principes :

- l'anthropomorphisme animal : tous les personnages du *Roman de Renart* sont évoqués sous la forme d'animaux dont la symbolique reflète le caractère (le lion, animal le plus noble, pour le roi ; la couleur rousse, représentant la traitrise, pour Renart, etc.). Ils se comportent néanmoins comme des humains puisqu'ils chevauchent des destriers ou combattent à l'épée. Ce mélange de deux opposés, conjugué à la cocasserie des péripéties, suscite une invraisemblance propice au rire ;
- la parodie des genres littéraires : le *Roman de Renart* détourne humoristiquement certains concepts de la littérature de l'époque. On retrouve par exemple le pastiche d'une bataille typique des chansons de geste dans le combat qui oppose Noble aux païens. La séduction d'Hersent par Renart, quant à elle, est inspirée en droite ligne des romans courtois, mais tout le jeu amoureux a été expédié pour se concentrer sur le résultat : l'acte charnel ;
- le comique sexuel et scatologique : de nombreuses péripéties revêtent un caractère sexuel (cf. le viol d'Hersent) ou scatologique (cf. Renart qui urine sur les petits de la louve) et ce sans aucune censure (les termes utilisés sont relativement explicites). L'utilisation de ces registres bas, habituellement bannis de la littérature, est aussi un élément déclencheur du comique ;

- le comique des ruses : moments de moquerie par excellence, les stratagèmes de Renart, par leur faculté de ridiculiser leurs victimes, les quiproquos qu'ils provoquent ou la puissance des réparties, constituent le point culminant de la dérision organisée dans le récit pour plaire au public.

PISTES DE RÉFLEXION

QUELQUES QUESTIONS POUR APPROFONDIR SA RÉFLEXION…

- En quoi Renart incarne-t-il le triomphe du mal ?
- Inversement, peut-on dire qu'Ysengrin représente le bien ? Justifiez votre avis.
- Cette œuvre est-elle un roman comme le suggère son titre le *Roman de Renart* ? Justifiez.
- Quel est le moteur de cette œuvre ?
- Montrez comment et à travers quels personnages le *Roman de Renart* stigmatise les trois ordres de la société du Moyen Âge.
- À votre avis, pourquoi les auteurs ont-ils choisi de représenter les personnages sous forme d'animaux ? Que symbolisent les différents animaux ?
- Connaissez-vous d'autres auteurs qui procèdent de cette façon ? Comparez leur démarche à celle des auteurs du *Roman de Renart*.
- Le *Roman de Renart* a fait l'objet d'un film d'animation. Ce dernier ne conserve de l'œuvre originale que les personnages, qui sont insérés dans une histoire destinée au grand public. Ce film constitue-t-il également une satire de la société médiévale ? Le message est-il le même que dans l'œuvre originale ? Expliquez.

POUR ALLER PLUS LOIN

ÉDITIONS DE RÉFÉRENCE

- *Le Roman de Renart*, texte édité par N. FUKUMOTO, N. HARANO et S. SUZUKI, revu, présenté et traduit par G. BIANCIOTTO, Paris, Le Livre de Poche, coll. « Lettres gothiques », 2005.
- *Le Roman de Renart*, texte établi et traduit par J. DUFOURNET et A. MÉLINE, Paris, Flammarion, coll. « GF », 1985.

ÉTUDES DE RÉFÉRENCE

- BOUTET D., *Histoire de la littérature française du Moyen Âge*, Paris, Champion, coll. « Unichamp essentiel », 2003.
- DUFOURNET J., *Le Roman de Renart : entre réécriture et innovations*, Orléans, Paradigmes, 2007.
- SCHEIDEGGER J., *Le Roman de Renart ou le texte de la dérision*, Genève, Droz, coll. « Publication Romanes Françaises », 1989.

ADAPTATION

- *Le Roman de Renart*, film d'animation de Thierry Schiel, 2005.

SUR LEPETITLITTÉRAIRE.FR

- Questionnaire de lecture sur *Le Roman de Renart*

Gaudé
- La Mort du roi Tsongor
- Le Soleil des Scorta

Gautier
- La Morte amoureuse
- Le Capitaine Fracasse

Gavalda
- 35 kilos d'espoir

Gide
- Les Faux-Monnayeurs

Giono
- Le Grand Troupeau
- Le Hussard sur le toit

Giraudoux
- La guerre de Troie n'aura pas lieu

Golding
- Sa Majesté des Mouches

Grimbert
- Un secret

Hemingway
- Le Vieil Homme et la Mer

Hessel
- Indignez-vous !

Homère
- L'Odyssée

Hugo
- Le Dernier Jour
- d'un condamné
- Les Misérables
- Notre-Dame de Paris

Huxley
- Le Meilleur des mondes

Ionesco
- Rhinocéros
- La Cantatrice chauve

Jary
- Ubu roi

Jenni
- L'Art français de la guerre

Joffo
- Un sac de billes

Kafka
- La Métamorphose

Kerouac
- Sur la route

Kessel
- Le Lion

Larsson
- Millenium I. Les hommes qui n'aimaient pas les femmes

Le Clézio
- Mondo

Levi
- Si c'est un homme

Levy
- Et si c'était vrai...

Maalouf
- Léon l'Africain

Malraux
- La Condition humaine

Marivaux
- La Double Inconstance
- Le Jeu de l'amour et du hasard

Martinez
- Du domaine des murmures

Maupassant
- Boule de suif
- Le Horla
- Une vie

Mauriac
- Le Nœud de vipères

Mauriac
- Le Sagouin

Mérimée
- Tamango
- Colomba

Merle
- La mort est mon métier

Molière
- Le Misanthrope
- L'Avare
- Le Bourgeois gentilhomme

Montaigne
- Essais

Morpurgo
- Le Roi Arthur

Musset
- Lorenzaccio

Musso
- Que serais-je sans toi ?

Nothomb
- Stupeur et Tremblements

Orwell
- La Ferme des animaux
- 1984

Pagnol
- La Gloire de mon père

Pancol
- Les Yeux jaunes des crocodiles

Pascal
- Pensées

Pennac
- Au bonheur des ogres

Poe
- La Chute de la maison Usher

Proust
- Du côté de chez Swann

Queneau
- Zazie dans le métro

Quignard
- Tous les matins du monde

Rabelais
- Gargantua

Racine
- Andromaque
- Britannicus
- Phèdre

Rousseau
- Confessions

Rostand
- Cyrano de Bergerac

Rowling
- Harry Potter à l'école des sorciers

Saint-Exupéry
- Le Petit Prince
- Vol de nuit

Sartre
- Huis clos
- La Nausée
- Les Mouches

Schlink
- Le Liseur

Schmitt
- La Part de l'autre
- Oscar et la Dame rose

Sepulveda
- Le Vieux qui lisait des romans d'amour

Shakespeare
- Roméo et Juliette

Simenon
- Le Chien jaune

Steeman
- L'Assassin habite au 21

Steinbeck
- Des souris et des hommes

Stendhal
- Le Rouge et le Noir

Stevenson
- L'Île au trésor

Süskind
- Le Parfum

Tolstoï
- Anna Karénine

Tournier
- Vendredi ou la Vie sauvage

Toussaint
- Fuir

Uhlman
- L'Ami retrouvé

Verne
- Le Tour du monde en 80 jours
- Vingt mille lieues sous les mers
- Voyage au centre de la terre

Vian
- L'Écume des jours

Voltaire
- Candide

Wells
- La Guerre des mondes

Yourcenar
- Mémoires d'Hadrien

Zola
- Au bonheur des dames
- L'Assommoir
- Germinal

Zweig
- Le Joueur d'échecs

Et beaucoup d'autres sur lePetitLittéraire.fr

www.lepetitlitteraire.fr

ISBN version imprimée : 978-2-8062-1346-4
ISBN version numérique : 978-2-8062-1834-6
Dépôt légal : D/2013/12.603/529

13502782R00018

Printed in Poland
by Amazon Fulfillment
Poland Sp. z o.o., Wrocław